INTIMITÉ DIVINE

par

H. D'A. C.

J.-R. MAZEIRAC, à LIVRON (Drôme)

—

1924

INTIMITÉ DIVINE

par

H. D'A. C.

J.-R. MAZEIRAC, à LIVRON (Drôme)

—

1924

Intimité divine

« C'est ici mon commandement : que vous
« vous aimiez les uns les autres comme je
« ai aimés. Personne n'a un plus grand amour
« que celui-ci, qu'il laisse sa vie pour ses
« amis. Vous êtes mes amis si vous faites
« tout ce que moi je vous commande. Je ne
« vous appelle plus esclaves, car l'esclave ne
« sait pas ce que son maître fait ; mais je
« vous ai appelés amis, parce que je vous
« ai fait connaître tout ce j'ai ouï de mon
« Père. Ce n'est pas vous qui m'avez choisi ;
« mais c'est moi qui vous ai choisis et qui
« vous ai établis, afin que vous alliez, et que
« vous portiez du fruit, et que votre fruit
« demeure, afin que tout ce que vous deman-
« derez au Père en mon nom, il vous le
« donne » (Jean, XV, 12-16).

« En ce jour-là, vous demanderez en mon
« nom et je ne vous dis pas que moi je ferai
« des demandes au Père pour vous ; car le
« Père lui-même vous aime parce que vous
« m'avez aimé et que vous avez cru que moi
« je suis sorti d'auprès de Dieu » (Jean,
XVI, 26-27).

Je pense que nous trouvons dans ces
paroles, l'une des plus douces pensées

qui furent exprimées par notre Seigneur Jésus durant son ministère ici-bas. Ces paroles furent prononcées par Jésus peu avant sa mort. Immédiatement après cet entretien vient la prière que Jésus adresse au Père pour ses disciples, puis Son arrestation, suivie de Son épreuve, et Jésus va de ce monde au Père par la mort et la résurrection.

Qu'elles sont merveilleuses ces paroles qui marquent la fin du ministère de Jésus ! « Je ne dis pas que je prierai le Père pour vous, car le Père lui-même vous aime parce que vous m'avez aimé. »

Evidemment Jésus ne voulait pas dire qu'Il ne prierait pas lui même pour ses disciples, puisqu'immédiatement après Il le fait (XVII) ; mais Il apprend aux siens qu'ils auront ce privilège immense de pouvoir s'adresser au Père, parce que le Père les aime. Le mot employé ici pour exprimer l'amour est frappant ; ce n'est pas le mot usuel, utilisé dans les écrits de Jean ; c'est un mot différent indiquant l'intimité, l'attachement. Nous pouvons traduire la pensée ainsi : *Le Père lui-même vous aime avec la douceur d'une amitié divine parce que vous m'avez été attachés et vous m'avez aimé comme d'intimes amis.* N'eussent été ses disciples et les saintes femmes qui le suivaient, Jésus aurait été sans ami dans ce monde. Il avait fait plus de bien qu'aucun autre. Il avait apporté à l'homme un amour inconnu jusqu'alors, et cependant, après avoir guéri « tous les malades », nous entendons Jésus dire : « les renards ont des tanières et les oiseaux de l'air des nids, mais le fils de l'homme n'a pas où reposer sa tête. (Matthieu, VIII, 20).

Les hommes recevaient Ses bienfaits, mais ils ne désiraient pas le Bienfaiteur ; après toutes ses bontés, Jésus n'avait pas de place où reposer sa tête. Les villes demeuraient telles qu'elles étaient, c'est-à-dire dans leur état de péché et de non repentance; elles ne se tournaient pas vers Dieu, ne cherchaient pas la compagnie de Celui qui présentait Dieu à l'homme. Parce que la Piété trouvait sa véritable demeure en Christ, les pécheurs et les méchants ne s'approchaient pas de Jésus. Sa présence leur était pénible, parce que la présence d'un homme saint incommode les pécheurs. La sainteté conduit à l'isolement, aussi Christ était laissé seul et n'avait pas de place où reposer sa tête. Les dirigeants descendaient de Jérusalem pour l'éprouver et déclaraient qu'Il accomplissait ses miracles par Béelzébul. Le monde le raillait et lui cherchait chicane, comme il le fait encore à présent.

C'est à ce moment que le Père donna à Jésus des amis. Il lui donna les pauvres de cette terre, pauvres pour le monde, mais riches dans la foi et débordant d'amour pour leur Maître. Ils étaient de pauvres pécheurs, des femmes galiléennes bien humbles, mais ils s'attachèrent à Jésus et ils l'aimaient avec l'élan d'une amitié profonde. Les femmes, aussi bien que les hommes, étaient attachées à leur Maître et manifestaient leur affection pour Jésus. Avec une intuition d'origine divine, elles trouvaient bien des moyens de servir Jésus et de lui prouver leur attachement : elles lui faisaient part de leurs biens ; Marthe lui ouvrait sa maison ; Marie apportait son vase d'albâtre plein de parfum, juste au moment où la haine des hommes arrivait à son comble, où la trahison se tramait tout près de Lui. En répandant le parfum sur Jésus, Marie montrait combien elle l'estimait, combien elle appréciait Son amour ; elle avait le privilège de consoler, de réconforter Jésus au moment même où l'encouragement était le plus acceptable. Jésus ne se plaignit jamais d'avoir reçu du Père des amis qui étaient pauvres, au lieu des principaux sacrificateurs, des dirigeants, des rabbins. Si ceux-ci étaient venus à Lui, ils auraient eu besoin que la grâce découlât sur eux, afin de les rendre aptes à devenir de vrais amis pour Celui qui était le doux, l'humble Jésus. Le grand souverain sacrificateur aurait dû convenir que les urim et les thummim étaient avec Jésus et non avec le grand souverain sacrificateur, car Jésus pouvait seul révéler la pensée de Dieu. Il importait peu à Jésus que le cercle de ses amis fut composé principalement de pauvres ; ceux-ci avaient moins à désapprendre, et Christ *pouvait agir avec des pauvres tout aussi bien qu'avec des riches ou des grands.* Christ pouvait mettre sa propre grâce en eux. Il pouvait leur donner toute l'habileté, toute la compétence qui leur étaient nécessaires. Il pouvait faire d'eux exactement ce qu'Il désirait, et c'est joyeusement que Jésus les reçut comme amis.

Jean utilise deux mots différents pour « amour » en parlant du Père et du Fils, au chapitre III, verset 35, « Le Père aime le Fils et a mis toutes choses entre ses mains »; le mot « aimer » exprime *l'amour de nature divine, l'amour qui est propre à la Personne divine*. Ce même mot est utilisé par Jean quand il parle de l'amour de Christ pour les siens et de l'amour des chrétiens, les uns envers les autres. Comme nés de Dieu, les saints sont participants d'une nouvelle nature, nature divine, caractérisée par l'amour, cet amour qui ne fait jamais défaut.

Mais c'est de l'autre mot, signifiant intimité, que je désire parler ; ce mot nous le trouvons au chapitre V verset 20 : « Le Père aime le Fils et lui montre toutes les choses qu'Il fait lui-même ». Ici le mot « aime » exprime l'intimité parfaite. Le Père est attaché au Fils, Il l'aime avec l'amour d'un ami parfait. « Il lui montre toutes les choses que lui-même fait », car Il était Son Ami.

Mais la chose la plus merveilleuse est celle-ci : *Le Père comprend dans ses amis les amis de son Fils*. Le Père voyait combien les disciples entouraient Jésus dans ce monde si froid, c'est pour cela qu'il les comprenait dans le cercle de la faveur divine, comme Il le fait encore aujourd'hui pour ceux qui s'attachent à Christ.

Le Seigneur ne dit pas « le Père lui-même vous aime parce que je vous ai aimés », mais « parce que vous m'avez aimé » que vous vous êtes attachés à moi et que vous m'avez aimé avec la douceur de l'amitié. Jésus jouissait de l'amour que les disciples lui avaient manifesté en étant venus à Lui comme des amis, alors qu'autrement Il fut demeuré seul. Il est vrai que les disciples n'avaient pas choisi Christ, *mais que Christ les avait choisis* (XV, 16) ; et nous savons que ceux que Christ avait choisis avaient été attirés à Lui et donnés à Lui par le Père. Cependant le Seigneur aime à regarder ses disciples comme ceux qui lui manifestent de l'amour dans un monde où Jésus est haï, comme ceux qui l'aiment d'un amour vrai, d'une amitié profonde.

L'heure présente est un moment de grande opportunité pour montrer notre affection à Christ, notre attachement au Seigneur. Vous pouvez dire : comment ferai-je cela ? car Christ n'est plus en Galilée, mais il est assis à la droite de Dieu. Et bien, si nous reconnaissons les amis de Christ, si nous jouissons de leur compagnie, si nous nous attachons nous-mêmes à eux parce qu'ils sont enfants de Dieu, Christ acceptera cette affection comme s'adressant à Lui. « Tout ce que vous avez fait au plus petit de mes frères, vous me l'avez fait à moi. » Le plus souvent Christ est trouvé parmi les pauvres et parmi ceux dont on tient peu de compte dans ce monde. C'est dans la mesure où nous en aimons de tels (trouvés même dans une mansarde ou dans les plus pauvres conditions de la vie) que nous donnons une preuve de notre amour pour Christ ; s'ils ont l'esprit de Christ et si nous aimons Christ, nous ne pouvons pas ne pas les aimer. Ils sont évidemment les amis de Christ, car ses amis sont connus par leur ressemblance à Christ ; et, s'ils sont jugés dignes d'être les amis de Christ, ils doivent être dignes d'être les nôtres. Bien que Christ soit personnellement dans les cieux, Il est, d'une façon morale, dans ceux qui ont son esprit, dans ceux qui par leur vie et leur marche ici-bas, manifestent Son esprit. Nous avons ainsi une riche opportunité de montrer notre attachement à Christ, par la façon dont nous témoignons notre affection à ceux qui sont caractérisés par Christ. Les conditions d'humilité ou de pauvreté de ces derniers ne doivent pas entrer en ligne de compte.

Ici je voudrais dire combien il est important de montrer que nous sommes à Christ, que nous l'aimons, et que nous sommes joyeux dans la compagnie qui appartient à Christ. Si je laisse voir que je suis bien mieux à la maison, parmi mes voisins qui ne connaissent pas Christ, ou parmi les personnes du monde avec lesquelles je travaille, mieux dis-je que parmi les rachetés du Seigneur, je ne puis guère compter jouir de l'intimité de ceux qui sont attachés à Christ. Toutes les prières qu'ils peuvent faire pour moi ne sauraient faire naître l'intimité divine qui doit unir les saints.

Si eux aussi marchaient avec moi sans soin et selon le monde, ils seraient vite aussi mondains que moi, et ils perdraient ainsi eux-mêmes la faveur de l'intimité de Christ : « L'amour du monde est inimitié contre Dieu », et « quiconque veut être ami du monde se constitue ennemi de Dieu. »

Quel contraste frappant : nous sommes *les amis du Père,* car il nous est permis dans la grâce de l'être, si nous prouvons être nous-mêmes les amis de Christ dans un monde qui l'a rejeté ; un monde qui méprise ceux qui marchent sur les pas de Jésus, et manifestent Son esprit.

Bien plus sérieuses encore sont les paroles « si quelqu'un n'aime pas le Seigneur Jésus (c'est-à-dire avec l'élan de l'affection) qu'il soit anathème, maranatha. » Une réelle malédiction, un véritable anathème appartient à de tels et sera bientôt mis en exécution, car notre Seigneur vient, ainsi que le disent les mots « Maran-atha ».

Lorsque Christ viendra pour ses amis et qu'Il les attirera pour les rencontrer en l'air combien il serait terrible de voir l'un de nous, parce qu'il a choisi l'amitié du monde, faisant peu de cas de l'amitié de Christ, être laissé derrière pour les jugements qui viennent sur la terre !

Rougissons-nous quand son nom est prononcé dans ce monde ? Sommes-nous honteux de lui appartenir ou d'être vus faisant route avec le pauvre qui l'aime ? Prenons garde qu'Il ne refuse de nous reconnaître comme ses amis lorsqu'Il viendra pour prendre les siens avec Lui.

La gloire de l'homme consiste à être en rapport avec quelque grand personnage de ce monde, à compter parmi les amis d'un homme en vue. Est-ce que nous nous glorifiions d'être les amis de Jésus ? Sommes-nous fiers de Lui, ou sommes-nous honteux de Son nom ? *Les amis que Jésus a dans ces jours d'opprobre seront ceux qu'il aura dans la gloire.* Il vient bientôt, Il réclamera ses droits et règnera sur toutes les nations. Il vient comme Roi des rois et Seigneur des seigneurs ; Il vient avec une *brillante escorte,* avec un cercle intime d'amis honorés, mais ces derniers seront ceux qui l'auront entouré au jour de son opprobre. Cette relation intime exige des sacrifices, car elle est un objet de raillerie et de dédain pour ce monde, mais nous serons amplement récompensés au jour de Sa gloire. La chose la plus douce sur la terre est la faveur de Christ, l'amitié de Christ. C'est maintenant l'heure opportune de manifester de l'amour à Jésus, alors que tant d'hommes lui manifestent leur haine ou leur indifférence. Au jour de Sa gloire, Jésus Christ recevra pleinement de l'amour ; mais c'est *maintenant* qu'Il en a besoin et qu'Il aime ceux qui lui en manifestent ; c'est maintenant, alors que, sauf ses amis, nul homme dans ce monde ne veut l'aimer. Le plus grand honneur que nous puissions avoir ici-bas est d'être connu comme ami de Jésus ; on nous connaîtra comme tel parce que nous aimons les Siens quoique petits, parce que nous n'avons pas honte de faire route avec eux s'ils marchent dans la vérité. Nous aimons leur compagnie du fait qu'ils aiment Christ. Nous abandonnons délibérément la société de ce monde, et faisons nôtre la nouvelle compagnie que le Saint Esprit forme depuis 1.900 ans : celle des amis de Jésus.

Si nous ne pouvons marcher avec Jésus en Galilée, comme aux jours où Il était sur cette terre, nous pouvons changer notre cercle d'amis et marcher avec les amis de Christ, jouir de cette compagnie qui ne connaît pas de mort, demeurer dans une relation d'amitié intime qui est éternelle. Si nous faisons ainsi, le monde nous isolera, mais Christ nous prendra comme sien, car Il fait ainsi à tous ceux L'aiment.

Dans un jour d'épreuves comme le jour présent, dans des temps de misère, une véritable amitié est d'un prix incalculable ; où pouvons-nous la trouver si ce n'est parmi ceux qui aiment Christ et l'entourent jour après jour ? Combien il est nécessaire de fortifier cette amitié en veillant avec soin à chérir l'amour de Christ, en ne permettant à rien de venir diminuer cette intimité, en veillant à ne pas répandre des malentendus ou des sentiments mauvais parmi les amis. Nous avons un grand besoin du pouvoir liant du ciment, *le ciment de l'amour divin ;* si nous enlevons le ciment, tout l'édifice tombera. C'est une bien triste chose d'être trouvés nous querellant, nous mordant par derrière, d'être envieux ou jaloux les uns des autres ; c'est comme si nous prenions le ciment pour le jeter loin du mur, cela conduit à la séparation et au trouble. L'amour cimente. *Le Saint Esprit est l'esprit de l'intimité,* il nous lie à Christ et nous unit les uns aux autres. Il forme un lien qui ne peut être brisé en dépit des efforts continuels de Satan pour détruire cette amitié.

Nous jouissons d'une *triple intimité,* celle du Père, celle du Fils, celle du Saint Esprit. Le Saint Esprit habitant dans les croyants et les unissant ensemble forme l'intimité de l'Esprit, relation qui est immuable et éternelle.

Christ ne perdit jamais un ami ; Son amour était tel qu'il ne pouvait pas abandonner un de ceux qui lui avaient témoigné de l'affection. Ceux-ci faillissaient souvent, ils avaient besoin d'être repris pour leurs sujets de disputes, ils étaient repris en amour et ainsi ne furent jamais perdus.

« Ceux que tu m'as donnés je les ai gardés ». « Ce sont ceux qui ont été avec moi dans mes tentations. »

Judas ne fut jamais un ami, et le Seigneur ne l'appela jamais ainsi. Dans le passage « ami pourquoi es-tu venu ? » le mot ami est employé dans le sens de « compagnon. » Judas ne fut jamais attaché à Jésus par l'affection d'un ami ; il aimait l'argent et non Jésus. Il pouvait paraître ami, le psalmiste pouvait dire prophétiquement « mon propre ami familier (littéralement l'homme de ma Paix) en qui j'avais mis ma confiance » ; mais Jésus n'eut jamais de déception à son sujet. Bien avant Sa mort, Jésus pouvait dire « ne vous ai-je pas choisis vous douze et cependant l'un de vous est un démon.»

Le Seigneur attend que Judas soit sorti pour dire à ses chers disciples : « vous êtes mes amis.... je vous ai appelés mes amis ». Quel honneur d'être les amis de Jésus ! Qu'il nous soit donné de prouver que nous sommes dignes de ce titre ! Christ pouvait traiter Judas ou tout autre professant « comme si c'eût été mon compagnon, mon frère » (Psaume XXXV, 14).

mais Il n'est jamais déçu. Il connaît ceux qui sont vrais et Il connaît « celui qui le trahira ». Dans notre mesure, il devrait en être de même de nous, si nous étions dans la puissance de Son Esprit.

L'honneur le plus grand que l'on puisse concevoir dans ce monde est d'être l'ami de Christ. Souvenons-nous que *Ses amis dans ce monde seront Ses amis dans le monde à venir.* Il ne changera jamais d'amis. Ses amis dans la détresse seront ses amis dans la gloire. Ils seront tous là comme un seul homme ; car Jésus à sauvé ses amis, au prix de sa vie. « Personne n'a un plus grand amour que celui qui donne sa vie pour ses amis » ; afin d'être certain de nous avoir, Christ est mort pour nous ! Quelle leçon pour nous ! Nous devrions mourir pour nos amis plutôt que de les perdre, quelque pervers, quelque remplis de leur propre volonté qu'ils puissent nous paraître !

Quelle est douce et belle la pensée que Jésus nous appelle ses amis ! mais n'oublions pas qu'Il a été le premier à nous aimer; nous ne l'aurions jamais aimé, s'Il ne nous avait pas aimés d'abord. Où serions-nous allés s'Il ne s'était pas révélé comme l'Ami *des amis,* comme *Celui qui a la prééminence en amour.*

Combien ceci est merveilleusement présenté dans le repas du Seigneur, le repas de l'amitié ! Là, nous nous souvenons de Lui en rompant le pain, nous rappelons comment Il donna sa vie pour ses amis. Là, nous lui déclarons notre fidélité ; comme le firent autrefois ses disciples, et nous déclarons notre fidélité à Ses amis, à ceux avec qui nous rompons le pain : *les amis du témoignage.* Ce repas renouvelle ou fortifie les liens de l'amitié par la fraîcheur des pensées de Son amour, et nous nous rapprochons encore plus en amour de ceux pour qui Christ mourut.

Le Seigneur manifeste Son amitié pour les siens en faisant des confidences à ses amis : « Je vous ai appelés mes amis, car tout ce que j'ai reçu de mon Père je vous l'ai fait connaître ». Christ ne cache rien à ses amis, Il leur dévoile tous les secrets du conseil divin et de l'Amour du Père. Tout ce que le Père communique au Fils, relativement à l'homme, Christ le fait connaître à ses amis ; c'est ainsi qu'Il leur prouve réellement qu'Il les considère comme ses amis. Il ne doute pas d'eux, Il a confiance en leur affection. *« L'amour ne soupçonne pas ! »* Jésus connaissait l'attachement que ses disciples avaient pour Lui et se confiait dans cet amour.

Ceci me conduit à noter ce fait : les amis de Christ sont sous l'influence de Son commandement. Jésus dit : « Vous êtes mes amis, si vous faites ce que je vous commande. » Il en est de même dans le monde : l'élève est commandé par son maître, il est plein de lui, il adopte ses pensées, ses voies, sa façon de vivre, il pense qu'il n'y en a aucun comme son maître. Il en est de même du soldat, il est commandé par son général, se glorifie en lui, accomplit ses ordres, est inspiré par lui. Le socialiste est lui aussi commandé par son chef de parti, il croit en lui et le suit. Combien plus hardiment les amis de Christ doivent-ils montrer qu'ils suivent leur Maître ! S'ils ne le manifestaient pas, ils ne seraient pas les amis de Jésus. Ses amis sont connus par le chemin qu'ils adoptent, le chemin de Christ ; ils marchent sur ses pas, respirent Son Esprit.

Ils ne font pas leur le langage vulgaire du monde, ils parlent comme Christ ; ils ne vivent pas dans le mal, parce que Jésus ne le fit pas ; ils ne haïssent pas, parce que Christ n'a jamais haï ; ils aiment parce que Christ aima ; ils font le bien parce que Christ fit le bien ; ils craignent Dieu, car Christ le fit. Ils se gardent séparés du monde comme Christ en était séparé ; ils aiment les amis, car Christ les aima et les servit.

Jésus ne douta jamais de l'amitié de ses disciples, en elle il trouvait ses délices ; quand Jésus dit aux siens : « si vous faites ce que je vous commande », Il veut nous montrer les saintes voies à suivre pour donner la preuve que nous sommes les amis de Christ. Quelqu'un a dit que : « la vraie amitié consiste dans les mêmes ressemblances et les mêmes dissemblances » ; il en est ainsi de l'amitié chrétienne. Si nous laissons errer notre pensée dans le mal et trouver de la joie dans l'orgueil et la mondanité, où est l'amitié de Christ ? Si nous entretenons de mauvaises pensées contre notre frère, que faisons-nous de l'amitié ? Si nous sommes autoritaires, égoïstes, trouvons-nous de l'amitié en cela ? Quand nous désirons nous distinguer par notre instruction ou par toute autre particularité, nous gênons l'intimité. Les amis s'élèvent au-dessus de toutes les distinctions que l'on trouve dans le monde, ceci est indispensable pour apprendre à aimer les amis comme Christ les a aimés : « Ceci est mon commandement : que vous vous aimiez l'un l'autre comme je vous ai aimés ». Obéissant à Son amour, nous nous aimons l'un l'autre.

« Ami » est un titre plus élevé que « prédicateur ». Nous nous attendons à ce qu'un prédicateur soit un ami de Christ, mais il pourrait être rempli de lui-même ou dogmatique et, dans cette mesure, gêner ou même nier la vraie amitié.

L'intimité entre frères en Christ va bien plus loin que l'amitié entre frères ne connaissant pas Christ. Un de ceux-ci peut très bien ne pas se conduire comme un frère et même vivre dans la haine. Dans l'intimité de Christ nous nous élevons au-dessus de toutes les distinctions de la nature et de la famille, nous pénétrons dans l'intimité qui est éternelle.

Personne ne fut aussi seul que Christ dans ce monde ; Il n'avait point de foyer ici-bas, mais Il avait ses amis et ceux-ci constituaient son home, Il habitait parmi ceux qui L'aimaient ; il en est encore ainsi maintenant ; la seule place pour Christ aujourd'hui se trouve dans le lieu d'intimité divine où Il est aimé et où ses commandements sont gardés. L'Esprit conduit les âmes vraies vers ce home. Actuellement les amis de Christ sont encore icibas, sur cette terre, unis en un seul corps par un seul Esprit ; mais ils seront bientôt transportés dans la gloire. Le Seigneur rapproche ses amis toujours plus près les uns des autres ; le monde réunit aussi les siens en association sans Dieu, sans Christ. Quand l'intimité chrétienne sera mûre pour la gloire, le Seigneur viendra, Il prendra à Lui ses amis et les introduira dans la vraie demeure de l'intimité divine — la maison du Père — Quand donc y serons-nous ?

Les amis sont tous connus dans les cieux et devraient se connaître les uns les autres sur la terre. L'expression « Salue les saints par leurs noms » montre que chacun est considéré distinctement. Diotrèphe n'était pas un ami, car il aimait à être le premier dans l'Assemblée et il laissait ainsi des frères dehors ; combien il diffère de l'apôtre Jean ! « le disciple de Jésus aimait » d'un amour divin (XXI, 7) et d'une amitié pleine de tendresse (XX, 2). Lazare aussi était aimé (XI, 3 et 5) et il en était de même de Pierre. Quand ce dernier fut questionné deux fois par Jésus au sujet de son attachement pour Christ, il répondit : « tu sais bien que je t'aime » utilisant non le mot « amour » qu'employait Jésus, mais le mot qui se traduit par amitié. Jésus utilise dans sa troisième question le mot de Pierre « Simon, fils de Jonas, m'aimes-tu ? » (comme on aime un ami). Pierre croyant que le Seigneur met en doute son affection, répond avec tristesse : « Seigneur, tu connais toutes choses, tu sais que je t'aime » et il appuie encore sur le mot traduisant l'affection d'un intime ami. Et c'était exact ; le triste fait d'avoir renié

Jésus avec force paroles, était seulement un bien regrettable incident sur son chemin, ce n'était pas là ce qui caractérisait Pierre. Ses caractéristiques étaient celles d'un ami de Jésus ; Jésus le savait, Il ne questionnait Pierre que pour l'obliger à juger sa chute ; ceci fait, Jésus confie à Pierre le soin du troupeau, si précieux à Christ. Jésus connaissait son ami et avait confiance en Lui.

Combien il est béni d'être reconnu comme les amis de Christ, et, partant *d'être les amis du Père*. Le Père nous aime et nous compte dans le cercle de ses amis à cause de notre attachement à Christ. Aucun qualificatif ne peut exprimer la valeur de l'intimité du Père. Le Père s'occupe de ses amis comme Il s'occupe de Christ ; les saints ont libre accès dans sa présence pour les heureuses et saintes relations divines, et les amis sont toujours les bienvenus dans cette présence. Là, ils peuvent prier librement pour les intérêts de Christ, pour les besoins continuels des saints, et leurs prières sont toujours entendues. A cause de ces prières, le Père peut arrêter une guerre, délivrer de luttes intérieures. Dieu aime ses amis et ne permettra pas qu'ils soient éprouvés au-delà de leurs forces. Il est attentif à leurs intercessions pour ce monde qui soupire. Il se montre plein de grâce envers les hommes qui ne prient pas à cause des prières de ses amis.

Un homme peut être très occupé, son magasin comblé de clients, quand son fils ou un intime rentre, les clients sont laissés de côté pour un moment, le nouvel arrivant va droit au commerçant et lui parle le premier. Il en est ainsi de nous quand nous nous approchons du Père en qualité d'ami de Christ, parce qu'alors le Père nous considère comme Ses amis. Nous sommes vraiment ses chers enfants ; nous avons, sur les autres créatures de Dieu, le privilège de pouvoir pénétrer jusque dans la présence du Père. Le Père trouve ses délices à nous voir devant Sa face, jouissant de la faveur de Son intimité.

Nous nous trouvons nous-mêmes bien loin des luttes entre nations, bien au-dessus de la confusion de ce monde jouissant de notre propre part, de notre sainte portion. *L'amour du Père est la vie et la joie de l'intimité dans la maison du Père.*

Puissions-nous goûter toujours plus la douceur de l'intimité divine comprendre davantage qu'elle en est la valeur et réaliser « que l'amour fraternel demeure ». C'est cet amour qui conduit à la Maison du Père ; veillons à ne pas médire des amis de Christ. Encourageons nos enfants à venir dans cette intimité, à s'approcher de Christ, à entrer dans le cercle des amis de Jésus, afin qu'eux aussi puissent jouir de la plus douce portion des âges éternels : *l'intimité divine.*

Traduit de l'anglais par A. G.

AUX AGNEAUX
ET AUX BREBIS DE JÉSUS

Se trouvent chez **M. Gabriel BLANC**

rue Saunière, Valence.

www.ingramcontent.com/pod-product-compliance
Ingram Content Group UK Ltd.
Pitfield, Milton Keynes, MK11 3LW, UK
UKHW022330170726
13837UKWH00005BA/2199